행복한 성탄

글 · 구라도미 치즈코
그림 · 고니시 에이코
옮김 · 심재영

성바오로

개구쟁이 미루는 양치기입니다.
미루의 할아버지와 아버지도 양치기입니다.
미루는 피리 부는 것을 아주 좋아합니다.
삘리리~ 삐~ 삐 삘리리~ 삐~삐.
양들도 미루의 피리소리를 아주 좋아합니다.
양들은 미루의 피리소리가 들리면
킁킁 기분 좋은 소리를 내며 평화롭게 풀을 뜯습니다.

오늘은 이른 아침부터 수많은 사람들이
베들레헴 쪽으로 걸어가고 있습니다.
"우아~ 굉장히 많다! 할아버지 무슨 일이에요?"
"모두들 로마황제의 명령을 따라
자기가 태어난 고장으로 이름을 등록하러 가는 중이란다."

날이 어둑해지자 아주 지쳐 보이는 여행자 두 사람이
뚜벅뚜벅 걸어오고 있었습니다.
"저 아줌마, 아저씨는 많이 아픈 것 같아. 아줌마 배가
풍선처럼 부풀었잖아."
미루는 두 사람을 살금살금 따라갔습니다.
아줌마와 아저씨는 아주 먼 나자렛에서 왔습니다.
배가 풍선만한 아줌마는 마리아이고
나귀를 끌고 온 아저씨는 목수 요셉입니다.

미루는 집에서 물을 한 병 가지고 나왔습니다.
"이 물을 드시고 여기서 조금 쉬어가세요. 베들레헴은 저기랍니다."
"휴! 이제 다 왔구나. 꼬마야, 고맙다!
내 뱃속의 아기가 기뻐하는구나."
마리아님은 노래하듯이 아름다운 목소리로 말했습니다.
미루는 부끄러워 볼이 빨개졌습니다.

베들레헴은 사방에서 온 여행자들로 가득 찼습니다.
요셉은 묵을 곳을 찾아보았지만
방이란 방은 모두 가득 찼습니다.
어둠이 마을을 덮고 바람도 차가워졌습니다.
마리아님 뱃속의 아기는 금방이라도
태어날 것 같았습니다.

요셉은 동네를 구석구석 돌아다니며
마리아님이 묵을 수 있는 곳을 찾아보았습니다.
아! 드디어 찾았습니다.
소와 말이 잠을 자는 깨끗한 외양간이었습니다.
이불과 베개는 없었지만
바람을 막아주는 벽과
따뜻하고 깨끗한 짚이 있었습니다.

"휴~ 따뜻하고 편안해요. 고마워요, 요셉!"
마리아님은 안심이 되는 듯 평온한 얼굴이었습니다.

세상이 모두 고요합니다.
미루와 다른 양치기 친구들은
들판에서 양을 지키고 있었습니다.
갑자기 천사들의 아름다운 노랫소리가 울려왔습니다.

"행복하고 기쁜 소식입니다.
오늘 밤 베들레헴 고을에 하느님이 보내 주신
구세주가 태어나셨습니다."

까만 밤하늘에 노랗고 커다란 별이 환히 빛나고 있었습니다.
다른 별들은 춤을 추듯 빛을 깜빡거리며
베들레헴 온 고을을 환하게 비추고 있었습니다.

"야! 저기다. 구세주님이 나신 곳이다. 어서 가 보자!"
미루가 커다랗게 소리치차 모두들
"한걸음에 달려가자. 구세주님을 보러 가자."
하며 우르르 몰려갔습니다.

커다란 별이 머문 마구간에는 방금 태어난 아기가
새록새록 잠들어 있었습니다.
양치기들은 가쁜 숨을 몰아쉬며 잠든 아기 구세주님께 경배를 했습니다.
뻴리리~ 삐~ 삐 뻴리리~ 삐~삐. 뻴리리~ 삐~ 삐 뻴리리~ 삐~삐.
미루는 아기 구세주님을 기쁘게 해드리려고
나지막한 소리로 피리를 불었습니다.

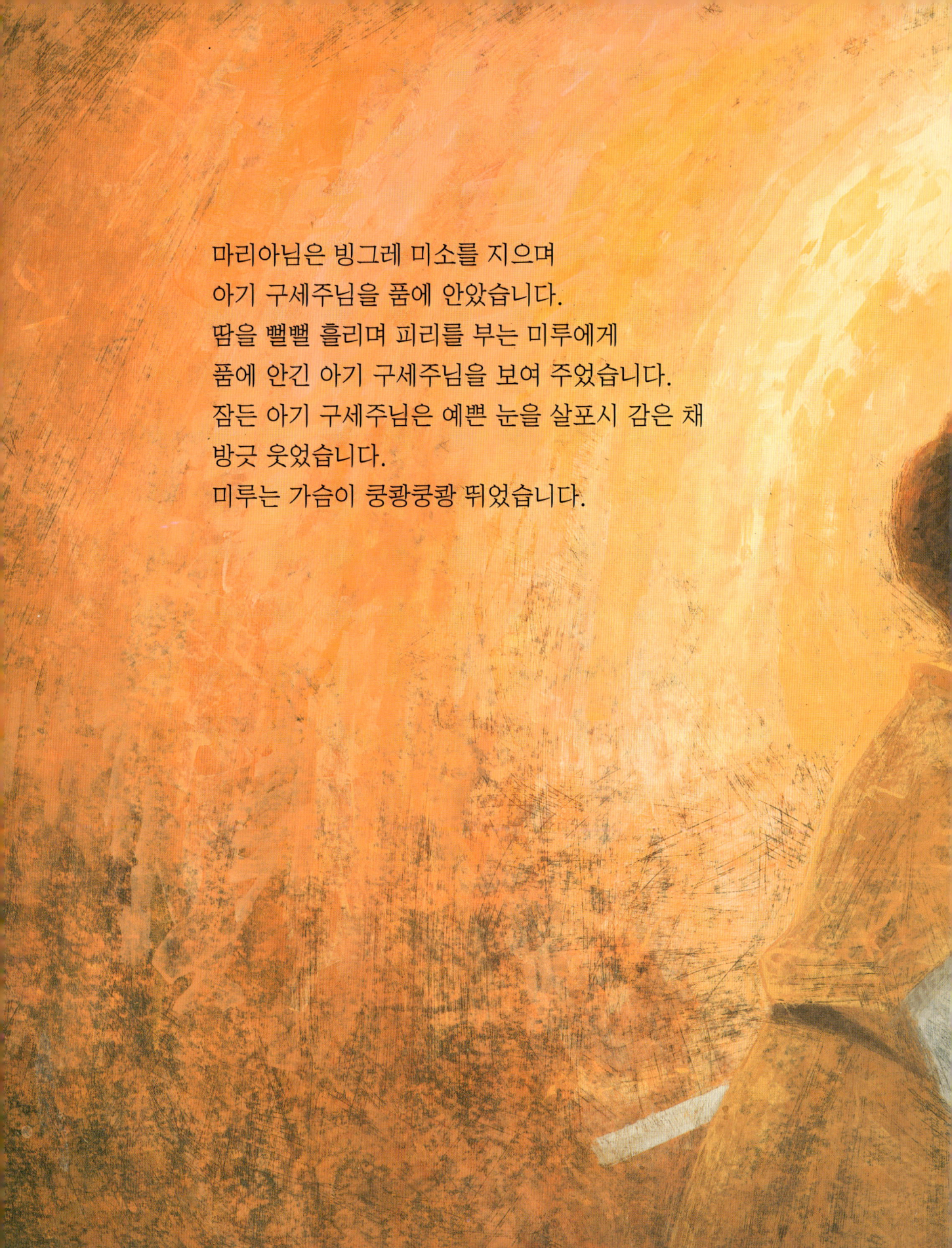

마리아님은 빙그레 미소를 지으며
아기 구세주님을 품에 안았습니다.
땀을 뻘뻘 흘리며 피리를 부는 미루에게
품에 안긴 아기 구세주님을 보여 주었습니다.
잠든 아기 구세주님은 예쁜 눈을 살포시 감은 채
방긋 웃었습니다.
미루는 가슴이 쿵쾅쿵쾅 뛰었습니다.

다음 날 새벽, 일찍 일어난 미루와 친구들은
어젯밤에 본 일을 다른 마을에도 알려 주려고
이리저리 뛰어다녔습니다.
삘리리~ 삐~ 삐 삘리리~ 삐~삐.

"행복하고 기쁜 소식입니다.
어젯밤 베들레헴 고을에 하느님이 보내 주신 구세주가 태어나셨습니다."
이 말을 전해들은 사람들은 모두 베들레헴으로 달려가
아기 구세주님께 경배를 드렸습니다.

머나먼 동방의 세 박사들도 베들레헴으로 왔습니다.
노랗고 커다랗게 빛나는 별을 따라
아주 먼 곳에서 찾아온 것입니다.
박사들은 아기 구세주님께 경배를 하고
멋진 선물을 드린 뒤 덩실덩실 춤을 추며 돌아갔습니다.
그들은 가는 곳곳마다 아기 예수님의 탄생 소식을
사람들에게 들려주었습니다.

이것은 첫 번째 성탄이야기입니다.
이천 년 전 유다의 작은 고을에서 일어난 사건입니다.
성탄 이야기는 사람에서 사람으로 전해져
지금은 세상 모든 나라에서 예수님의
탄생을 축하하고 기뻐합니다.

축하합니다. 예수님!
이 세상에 와 주셔서 감사합니다. 예수님!
우리도 목동들처럼, 세 박사처럼
예수님의 이야기를 전할게요.

행복한 성탄

지은이 • 구라도미 치즈코
그린이 • 고니시 에이코
옮긴이 • 심재영
펴낸이 • 백기태
펴낸곳 • 성바오로
주소 • 서울 강북구 미아 9동 103-36
등록 • 7-93호 1992.10.6

발행일 • 2004. 11. 15
SSP • 723

취급처 • 성바오로 보급소
TEL • 9448-300, 986-1361
FAX • 986-1365
통신판매 • 945-2972
E-mail • bookclub@paolo.net
http : // shop.paolo.net

값 7,000원

ISBN 89-8015-544-1